Maigrir
avec ses
Emotions

Gérer ses émotions
pour perdre du poids durablement

Auteur : Elodie BROWN

@2023

SOMMAIRE

I. Introduction   **7**

Le lien entre les émotions et la prise de poids

Les différentes émotions qui peuvent influencer la prise de poids

Les méthodes proposées pour perdre du poids grâce à ses émotions

II. Les émotions et la prise de poids   **20**

Les émotions qui poussent à la surconsommation alimentaire

Les mécanismes physiologiques et psychologiques qui expliquent le lien entre les émotions et la prise de poids

Les conséquences de la prise de poids sur le bien-être émotionnel

III. Identifier ses émotions   **29**

Les différentes émotions et leurs manifestations

Comment identifier ses émotions et les différencier des sensations physiques

Les techniques pour mieux ressentir et comprendre ses émotions

IV. Les stratégies émotionnelles pour maigrir   35

Les différentes émotions et leurs effets sur le comportement alimentaire

Les stratégies pour gérer ses émotions et éviter les comportements alimentaires compulsifs

Les astuces pour développer une relation saine avec la nourriture

V. L'impact des émotions sur le maintien du poids   43

Les risques de reprise de poids liés aux émotions

Les techniques pour continuer à gérer ses émotions et maintenir son poids de forme

Les outils pour mieux vivre ses émotions au quotidien

VI. Conclusion   51

JOURNAL D'ALIMENTATION EMOTIONNELLE   57

I
INTRODUCTION

Je suis Elodie BROWN, une jeune femme française étant passée par différentes étapes de la vie m'ayant permis d'écrire ces lignes concernant le surpoids, voir l'obésité.

En effet, à ma naissance ma mère disait que j'étais un « beau bébé », pour ne pas dire un « gros bébé ». Il est vrai que je n'étais pas un bébé obèse, mais je n'étais pas non plus dans le bas de la courbe de poids de mon carnet de santé.

Enfant j'avais un poids « normal », je n'étais pas toujours dans la zone des plus minces sur ma courbe d'indice de masse corporelle (IMC), mais je n'étais pas non plus en surpoids.

C'est à l'adolescence que le poids à commencé à être mon ennemi, lorsque mes menstruations se sont installées.

Comme beaucoup de jeunes femmes, j'ai longtemps cru que ce surpoids était dû à mes menstruations ainsi qu'à ma prise de contraception (pilule) qui en a découlé, car à l'époques je ressentais de forte douleurs et ma gynécologue n'a trouvé que cette solution pour les atténuer.

J'ai grandi, pris de l'âge et le poids ne m'a plus quitté, un surpoids au début, puis une obésité encore au premier stade.

J'ai essayé des régimes à base de poudres protéinées, le sport, la diminution de mes quantités alimentaire et bien d'autres….

Un régime qui m'avait bien réussi était celui d'un célèbre docteur qui prône la surconsommation de protéines en éliminant dans un premier temps les légumes et les fruits. Ce régime m'a fait perdre effectivement 30 kilogrammes ! J'en étais fière !

Mais j'ai aussi vécu la reprise de 40 kilogrammes l'année qui a suivi….

Puis je me suis demandé d'où venait mon poids, car si j'en trouvais la cause, j'en trouvais aussi la solution !

C'est là que j'ai fait le lien avec mes émotions, j'ai fait plus attention aux variations de mon poids en fonction de mes bonnes ou mauvaises humeurs, mes joies et mes peines, mes lâcher prises et mes colères… Et j'ai constaté que mon corps régulait ce surpoids dès qu'il le pouvait, à savoir, dès que les conditions était réunies pour lui : le bien-être en étant la clé !

Sauf que quant on est en surpoids, on est dans une phase de mal-être, ce qui n'aide pas à perdre ce poids et nous plonge dans un cercle vicieux à ne plus en finir.

Vous allez voir qu'il vous suffit simplement d'apprendre à vous connaître, à découvrir votre fonctionnement. Non pas au niveau physique car ça votre médecin peut vous l'expliquer, mais au niveau émotionnel. Et cet aspect n'est pas, ou très peu, pris en compte par les professionnels, alors que c'est (selon moi) 70% du travail !

Car finalement, l'ayant moi-même vécu, je peux vous dire que le plus dur n'est pas de perdre du poids, mais c'est de ne pas le reprendre !

Dans cet ouvrage, vous apprendrez comment les émotions peuvent affecter notre poids, et comment il est possible de maigrir en apprenant à mieux les gérer.

Je vous explique également les différentes émotions qui peuvent influencer notre comportement alimentaire, et je vous présenterai des méthodes pour perdre du poids grâce à ses émotions.

Il faut noter que les informations et pathologies cité dans ce livre sont issues de recherches e expériences personnelles.

J'incite donc tous lecteurs à expérimenter les conseils donnés dans ce livre et juger des résultats obtenus par eux-même.

Ce livre à pour but de vous faire prendre conscience de l'impact qu'ont vos émotions sur votre poids et à partir de ce moment là, de vous donner des clés vous permettant d'explorer votre propre fonctionnement.

Vous connaître mieux pour pouvoir perdre votre poids, mais surtout savoir le maîtriser durablement.

Le lien entre les émotions et la prise de poids

Les émotions peuvent pousser à la surconsommation alimentaire :

Certaines émotions, comme l'anxiété, la tristesse, la colère ou l'ennui, peuvent pousser à la surconsommation alimentaire en tant que mécanisme de régulation émotionnelle.

La nourriture peut alors devenir une source de réconfort, une distraction ou un moyen de combler un vide émotionnel.

Prenons l'exemple du fameux gros pot de grâce que nous retrouvons souvent dans les films dramatiques, lorsque la jeune femme qui le dévore le fait car elle est en pleine crise de larmes.

Les émotions peuvent modifier les préférences alimentaires :

Certaines émotions peuvent modifier les préférences alimentaires et amener à consommer des aliments plus riches en sucre ou en gras, par exemple.

Cela peut être dû à une modification du goût des aliments ou à une recherche de sensations de plaisir ou de récompense.

Souvent nous croyons qu'en fonction des périodes de l'année nous sommes plus attirés par tel ou tel aliment.

Ce n'est pas faux, dans le sens où le corps est le mieux placé pour savoir ce dont il a besoin en terme de nutriment en fonction de son environnement, de la saison de l'année et bien d'autres facteurs.

En été, par exemple, nous serons naturellement plus attirés par un melon, plutôt que des pommes de terre.

Seulement, lorsque l'aliment qui hante notre esprit relève de la « junk food », ou d'aliment très sucré ou très gras, là, nous pouvons considérer que nos émotions nous jouent des tours.

Une grosses envie de pâtes ou de burger traduit une impulsion dû à une émotion qui souvent à précédé cette envie sous les derniers jours, voir les dernières heures.

Les émotions peuvent affecter le métabolisme :

Des études ont montré que certaines émotions, comme le stress ou l'anxiété, peuvent affecter le métabolisme en modifiant le taux de cortisol, l'hormone du stress, et en augmentant la production d'insuline, l'hormone qui régule le taux de sucre dans le sang.

Ces modifications peuvent influencer la prise de poids et la répartition des graisses dans le corps.

Pour imager ce mécanisme, il faut comprendre que notre corps a sa propre intelligence, notre objectif est de la comprendre et travailler avec elle plutôt que de la combattre (car c'est peine perdue !).

Cette intelligence capte nos émotions et agit instinctivement sans nous concerter.

Le diabète par exemple, est souvent dû au stress. Comment expliquer que cette pathologie soit de plus en plus courante de nos jour, tandis qu'en parallèle nous avons aussi des vies de plus en plus stressante ?

Donc le corps, face au stress, va cherche un moyen d'affronter (ou de fuir) l'élément stressant.

Pour cela, il va sécréter des hormones, dont le cortisol et l'insuline, afin que celles-ci augmente notre glycémie, ce qui a pour effet de procurer au corps l'énergie dont il a besoin pour agir.

Le diabète serait donc, ni plus ni moins, qu'un mécanisme d'autodéfense.

<u>Les émotions peuvent affecter le sommeil :</u>

Le sommeil est un facteur important de régulation du poids.

Certaines émotions, comme l'anxiété ou la dépression, peuvent affecter la qualité du sommeil, ce qui peut à son tour influencer la prise de poids.

Vous remarquerez que lorsque quelque chose vous stresse ou cré chez vous de l'anxiété, vous y pensez constamment et encore plus au moment du coucher.

Ce qui, soit vous empêche de dormir, soit nuit considérablement à la qualité de votre sommeil. Vous avez cette sensation d'avoir « physiquement » dormi, mais vous vous réveillez avec l'impression d'avoir fait une « nuit blanche ».

En effet, le sommeil est le principal régulateur de l'activité des hormones, notamment de la leptine et de la ghréline.

Un manque ou un excès de sommeil peut donc perturber l'activité de ces hormones et ainsi, affecter le poids.

Les différentes émotions qui peuvent influencer la prise de poids

Les pires aliments sur lesquels la plupart des gens se rabattent lorsqu'ils ressentent les émotions énumérée ci-dessus sont :

- Le sucre,
- Les fritures,
- La caféine,

- L'alcool,
- Les aliments riches en sel.

<u>Nous pourrions les remplacer par des aliments aidant dans ces situations tels que :</u>
- Les antioxydants (fruits et légumes riches en couleurs),
- Les féculents complexes (céréales complètes),
- Les vitamines B et D (légumineuses, noix, légumes verts, poissons gras, œufs…),
- Les oméga-3 (poissons gras, graines de lin, noix, légumes à feuilles).

Les méthodes proposées pour perdre du poids grâce à ses émotions

Il existe différentes méthodes qui peuvent être proposées pour perdre du poids en apprenant à gérer ses émotions.

Voici quelques exemples :

<u>La pleine conscience :</u>

La pleine conscience consiste à apprendre à être présent à l'instant présent et à observer ses pensées et émotions sans jugement.

Cette pratique aide à prendre conscience des émotions qui influencent le comportement alimentaire et à développer une relation plus consciente avec la nourriture.

<u>La thérapie comportementale et cognitive (TCC)</u> :

La TCC est une approche thérapeutique qui aide à identifier et à modifier les schémas de pensées et de comportements qui contribuent au surpoids.

Elle aide à apprendre à mieux gérer ses émotions et à développer des stratégies plus efficaces pour réguler l'appétit.

<u>L'exercice physique</u> :
L'exercice physique aide à réguler les émotions en stimulant la production d'endorphines, des hormones qui procurent une sensation de bien-être.
De plus, il contribue à améliorer la qualité du sommeil et à réduire le stress, ce qui favorise la perte de poids.

<u>La méditation</u> :

La méditation aide à réguler les émotions en apprenant à se concentrer sur le moment présent et à développer une attitude plus bienveillante envers soi-même.

Cela aide à réduire l'anxiété, la dépression et le stress, qui peuvent contribuer à la prise de poids.

<u>La relaxation</u> :

La relaxation, comme la respiration profonde, la visualisation ou le yoga, aide à réduire le stress et à favoriser une régulation émotionnelle plus efficace.

Ces méthodes peuvent être combinées pour aider à mieux gérer les émotions et favoriser une perte de poids durable. Il est important de travailler avec un professionnel de la santé qualifié pour déterminer quelle méthode est la plus appropriée en fonction de vos besoins individuels.

II

LES EMOTIONS ET LA PRISE DE POIDS

Dans ce chapitre, vous en saurez plus sur les différentes émotions qui peuvent pousser à la surconsommation alimentaire et les mécanismes physiologiques et psychologiques qui font le lien entre les émotions et la prise de poids.

Vous y trouverez aussi une description des conséquences de la prise de poids sur le bien-être émotionnel.

Les émotions qui poussent à la surconsommation alimentaire

Voici une liste des émotions qui poussent à la surconsommation alimentaire :

L'anxiété :

L'anxiété peut provoquer une augmentation de la production de cortisol, une hormone de stress, qui peut stimuler l'appétit. De plus, l'anxiété peut pousser à chercher du réconfort dans la nourriture.

La tristesse :

La tristesse peut également pousser à chercher du réconfort dans la nourriture. Les aliments riches en gras et en sucre peuvent provoquer la production de dopamine, une hormone qui procure une sensation de bien-être, ce qui peut aider à soulager la tristesse temporairement. C'est la raison pour laquel nous sommes attiré par des chips ou de la glace en pot lorsqu'on est triste.

L'ennui :

L'ennui amène à chercher une source de distraction ou de stimulation, et la nourriture devient une réponse facile et rapide. C'est aussi, il faut se l'avouer, une histoire d'habitude ! Car nous avons pris l'habitude de manger lorsque nous nous ennuyons, pendant que d'autre font du sport ou du ménage !

La frustration :

La frustration provoque du stress, qui stimule l'appétit et amène à chercher une source de réconfort dans la nourriture. On cherche à répercuter cette frustration, la décharger. Quelque par elle est liée à la colère et à la tristesse.

La colère :

La colère peut amener à chercher une source d'apaisement dans la nourriture, ou encore à utiliser la nourriture comme moyen d'exprimer son mécontentement. Pourquoi infliger à son corps les conséquences de sa colère au lieu de taper jusqu'à épuisement dans uns sac de boxe ?

La culpabilité :

La culpabilité pousse à chercher un moyen de consolation, de soutien dans la nourriture, ou à se punir en mangeant des aliments jugés "interdits". Le jugement de soi est fatal dans ces moments là, après avoir mangé à outrance la culpabilité laisse souvent la place à la tristesse.

Les mécanismes physiologiques et psychologiques qui expliquent le lien entre les émotions et la prise de poids

Le lien entre les émotions et la prise de poids est complexe et implique à la fois des mécanismes physiologiques et psychologiques.

Voici quelques exemples :

<u>Les hormones de stress</u> :

Les émotions négatives tel que le stress, provoquent une augmentation de la production d'hormones de stress, comme : l'adrénaline, de noradrénaline et de cortisol.

Ces trois hormones jouent ont un impact direct sur notre bien-être et notre humeur.

Ces hormones stimulent l'appétit et la consommation d'aliments riches en gras et en sucre, ce qui contribue à la prise de poids.

<u>La régulation émotionnelle inadaptée</u> :

Les personnes qui ont des difficultés à réguler leurs émotions peuvent être plus enclines à utiliser la nourriture comme moyen de régulation émotionnelle.

Ces personnes sont souvent impulsives, elles ruminent, et on retrouve la plupart du temps chez elles des addictions (alcool, toxicomanie, tabac, etc…) ceci pour fuir leurs émotions, ne plus les ressentir.

Les pensées automatiques négatives :

Les pensées automatiques négatives, comme "je suis nul(le)" ou "je ne peux pas faire ça", peuvent contribuer à la dépression et à l'anxiété, qui peuvent à leur tour augmenter l'appétit et la consommation d'aliments riches en gras et en sucre.

Les habitudes alimentaires :

Les émotions peuvent également influencer les habitudes alimentaires.

Par exemple, les personnes qui ont l'habitude de manger devant la télévision ou de grignoter pour se distraire peuvent avoir des difficultés à réguler leur appétit en réponse aux signaux de faim et de satiété.

Les schémas de pensées et de comportements :

Les schémas de pensée sont des structures mémorielles, des processus de traitement de l'information, des filtres de notre perception du monde.

Ce qui fait que trois personnes différentes observant la même scène ne la verront pas, et surtout ne la ressentiront pas, de la même façon, n'en retireront pas les mêmes éléments, n'en feront pas le même rappel.

Les schémas de pensées et de comportements qui contribuent à la surconsommation alimentaire, comme l'alimentation émotionnelle ou la consommation d'aliments riches en gras et en sucre, peuvent être renforcés par des émotions négatives, ce qui peut contribuer à la prise de poids.

Ce qui signifie qu'il suffit de vivre une situation complètement nouvelle pour nous, mais qui nous renvoie à l'émotions ressentie dans le passé, et nous répercutons le même shéma en réponse à cette situation inconfortable : manger.

Nous remarquons aussi, que dans ce cas, nous sommes souvent rappellé par les mêmes aliments. Pour mettre plus en lumière ce fait, le carnet de suivi sur 21 jours à la fin de ce livre pourra vous y aider.

Les conséquences de la prise de poids sur le bien-être émotionnel

L'estime de soi :

La prise de poids peut affecter l'estime de soi et la confiance en soi, ce qui peut influencer négativement l'humeur et les émotions.

Dans ce cas, nous entrons dans un cercle vicieux consistant à être de moins en moins bien et prendre de plus en plus de poids à cause de cela.

La dépression et l'anxiété :

La prise de poids contribue au développement de la dépression et de l'anxiété, en particulier chez les personnes qui ont des antécédents de troubles de l'humeur.

Les personnes les plus joviales sont souvent les plus dépressives. Elles sont souvent très intenses dans leurs émotions, qu'elles soient positives ou négatives. D'ailleurs, elles s'accrochent souvent aux excès d'émotions positives car elles savent que la chute émotionnelle arrive en générale par la suite.

Les difficultés sociales :

La prise de poids peut entraîner des difficultés sociales, telles que l'isolement social, la stigmatisation et la discrimination, qui peuvent affecter négativement le bien-être émotionnel. L'environnement, qu'il soit professionnel ou personnel, n'est pas toujours favorable à la prise de poids, et peut réagir de manière hostile à ce fait.

Moquerie, dégoût, mis à l'écart, sont entre autres des situations vécues par les nouveaux obèses ou les gens prenant du poids.

Dans ces cas, le mieux est de consulter un professionnel afin de vous accompagner dans ce épisode de votre vie, ou bien travailler votre détachement, votre estime et votre confiance en vous en parallèle d'une prise de conscience de votre émotions afin de favoriser votre perte de poids.

Le temps doit être votre allié et vous êtes votre seul ennemi, alors ne lâchez rien, vous avez le droit de mettre un genou à terre, c'est normal, mais relevez-vous et n'abandonnez pas !

<u>Les problèmes de santé</u>

 La prise de poids peut augmenter le risque de développer des problèmes de santé tels que le diabète, l'hypertension artérielle, les maladies cardiaques et d'autres maladies chroniques, ce qui peut affecter négativement le bien-être émotionnel.

<u>Le stress</u> :
La prise de poids entraîne une augmentation du stress, qui peut affecter négativement les émotions et l'humeur.
Stress + Stress = période infernale. Soyez patient(e) et persévérez, rappeller vous que le temps joue pour vous, continuer à travailler sur vos émotions chaque jours et vous finirez par les comprendre et les déchiffrer. Ensuite tout deviendra limpide et vous atteindrez la maîtrise émotionnelle.

III
IDENTIFIER SES EMOTIONS

Dans ce chapitre, je vous donne des outils pour mieux comprendre vos émotions et apprendre à les identifier.

Je vous décris aussi les différentes émotions et leurs manifestations, ainsi que des techniques pour mieux les ressentir et les comprendre.

Les différentes émotions et leurs manifestations

Comment identifier le stress :

Les manifestations de cette émotion peuvent inclure une tension musculaire, une respiration rapide, une augmentation du rythme cardiaque et des sentiments d'anxiété.

Comment identifier l'ennui :

L'ennui peut conduire à la surconsommation alimentaire comme un moyen de remplir le temps ou de fournir une distraction.

Les manifestations de cette émotion peuvent inclure des bâillements fréquents, une sensation de fatigue, de la léthargie et des difficultés à se concentrer.

Comment identifier la tristesse :

La tristesse conduit à une surconsommation d'aliments riches en glucides, car ces aliments peuvent aider à augmenter la sérotonine, un neurotransmetteur lié à l'humeur.

Les manifestations de cette émotion peuvent inclure des pleurs, des sentiments d'abattement, de la solitude et de la perte d'intérêt pour les activités qui étaient autrefois agréables.

Comment identifier la colère :

La colère conduit à la surconsommation d'aliments riches en gras et en sucre, comme une façon de faire face à des sentiments négatifs.

Les manifestations de cette émotion peuvent inclure une tension musculaire, des gestes brusques, des sentiments de frustration et de la difficulté à contrôler les émotions, agir de manière exécive.

Comment identifier ses émotions et les différencier des sensations physiques

Identifier ses émotions peut parfois être difficile, car les émotions peuvent être confondues avec des sensations physiques.

Voici quelques astuces pour vous aider à différencier vos émotions des sensations physiques :

Prenez le temps de vous arrêter :

Prenez quelques instants pour vous asseoir et vous concentrer sur vos sentiments.

Fermez les yeux et respirez profondément.

Essayez de vous connecter avec votre corps et de ressentir les sensations qui s'y trouvent.

Écoutez votre corps :

Les émotions peuvent se manifester physiquement, mais il est important de comprendre que ces sensations peuvent différer de celles ressenties lors de sensations physiques.

Essayez de déterminer où se situent les sensations physiques, comme une douleur, une tension ou un poids, et notez-les, le carnet de suivi à la fin de cet ouvrage est là pour cela.

Identifiez les déclencheurs émotionnels :

Si vous avez du mal à identifier vos émotions, essayez d'identifier les événements ou les situations qui peuvent déclencher des émotions en vous, et notez-les dans votre carnet de suivi.

Par exemple, si vous ressentez de la tristesse après avoir regardé un film triste, cela peut indiquer que vous avez ressenti de l'empathie pour les personnages et que cela a déclenché une émotion en vous.

En notant cela, à plusieurs reprises, vous pourrez retrouver la situation exacte de votre passé à laquelle se réfère cette émotion.

Lorsque ce sera fait, vous serez sur le chemin de la réconciliation avec vous même puisque vous aurez trouvé une des sources de votre mal-être et la nourriture à ce moment là n'aura plus le rôle d'échappatoire à cette émotion enfin reconnue et conscientisée.

Élargissez votre vocabulaire émotionnel :

Plus vous avez de mots pour décrire vos émotions, plus il est facile de les identifier.

Essayez d'élargir votre vocabulaire émotionnel en recherchant des listes d'émotions et en notant les mots qui vous parlent dans votre carnet.

En fin de compte, la différence entre les émotions et les sensations physiques réside dans leur origine.

Les émotions sont des réponses à des stimuli psychologiques, tandis que les sensations physiques sont des réponses à des stimuli physiques.

Avec de la pratique et de l'attention, vous pouvez apprendre à identifier vos émotions et à mieux les gérer.

Les techniques pour mieux ressentir et comprendre ses émotions

Voici quelques techniques pour mieux ressentir et comprendre vos émotions :

La méditation :

La méditation peut aider à se connecter à son corps et à son esprit, permettant de mieux comprendre ses émotions. La méditation de pleine conscience consiste à se concentrer sur ses pensées et ses sensations, sans les juger ni y répondre.

Le journaling :

Le journaling consiste à écrire sur ses émotions pour mieux les comprendre. Prenez le temps de noter vos émotions et les événements qui les ont déclenchées. Cela peut aider à identifier les schémas émotionnels et les déclencheurs.

Les techniques de respiration :

Les techniques de respiration peuvent aider à calmer l'esprit et à mieux ressentir les émotions. Essayez de prendre quelques minutes chaque jour pour vous concentrer sur votre respiration, en inspirant et expirant lentement.

Les pratiques artistiques :

Les pratiques artistiques, telles que la peinture, l'écriture ou le chant, peuvent aider à exprimer les émotions d'une manière créative et constructive.

Les conversations avec soi-même :

Prenez le temps de discuter avec vous-même pour mieux comprendre vos émotions. Posez-vous des questions, telles que "Pourquoi je me sens comme ça ?" ou "Qu'est-ce qui a déclenché cette émotion ?"

La thérapie :

Si vous avez des difficultés à comprendre ou à gérer vos émotions, envisagez de consulter un professionnel de la santé mentale. Un thérapeute peut vous aider à identifier les schémas émotionnels et à trouver des moyens de mieux les gérer.

En fin de compte, il est important de prendre le temps de se connecter avec soi-même et de mieux comprendre ses émotions. En utilisant ces techniques, vous pouvez apprendre à mieux ressentir et comprendre vos émotions, ce qui peut vous aider à mieux les gérer.

IV

LES STRATEGIES EMOTIONNELLES POUR MAIGRIR

Dans ce chapitre, vous trouverez des stratégies pour gérer ses émotions et éviter les comportements alimentaires compulsifs.

Je vous explique comment les différentes émotions peuvent affecter le comportement alimentaire et donne des astuces pour développer une relation saine avec la nourriture.

Les stratégies pour gérer ses émotions et éviter les comportements alimentaires compulsifs

Tout d'abord, faisons la distinction entre faim émotionnelle et faim réelle.

<u>La faim émotionnelle</u> intervient rapidement et soudainement, elle est impulsive et tourne dans votre tête jusqu'à ce qu'elle soit assouvie.

Elle est obséssive et généralement portée sur un aliment spécifique de la famille des « malbouffe » sucrées, salées ou grasses.

<u>La faim réelle</u> est moins soudaine et urgente, elle s'amplifie avec le temps surtout si votre dernier repas date d'il y a peu de temps.

Voici quelques stratégies qui peuvent aider à gérer les émotions et à éviter les comportements alimentaires compulsifs :

<u>La pleine conscience</u> :

La pleine conscience consiste à être présent dans le moment présent et à porter une attention particulière à ses pensées, émotions et sensations physiques.

Cela aide à identifier les déclencheurs émotionnels qui peuvent conduire à des comportements alimentaires compulsifs.

La méditation :

La méditation aide à calmer l'esprit et à réduire les niveaux de stress, ce qui peut aider à éviter les comportements alimentaires compulsifs liés au stress.

La respiration profonde :

La respiration profonde aide à réduire le stress et à calmer l'esprit, ce qui peut aider à prévenir les comportements alimentaires compulsifs.

L'activité physique :

L'exercice aide à libérer des endorphines qui peuvent améliorer l'humeur et réduire le stress, ce qui permet d'éviter les comportements alimentaires compulsifs liés aux émotions négatives.

La planification des repas :

La planification des repas peut aider à éviter la faim excessive et les fringales, ce qui réduit la probabilité de comportements alimentaires compulsifs.

La prise en compte de ses émotions :

Apprendre à identifier et à gérer ses émotions aide à éviter les comportements alimentaires compulsifs liés aux émotions.

La réduction du stress :

Le stress peut être un déclencheur pour les comportements alimentaires compulsifs. La réduction du stress aide à éviter ces comportements.

Les astuces pour développer une relation saine avec la nourriture

Porter une attention particulière à ses pensées, émotions et sensations physiques pendant les repas, par la pleine conscience par exemple.

Cela vous aidera à éviter les distractions qui peuvent entraîner une suralimentation.

S'écouter et respecter ses signaux de faim et de satiété:

Apprendre à écouter son corps peut aider à éviter les excès alimentaires.

Prendre le temps de manger lentement et de savourer chaque bouchée peut aider à reconnaître les signaux de satiété.

Éviter les régimes restrictifs :

Les régimes restrictifs peuvent conduire à des envies alimentaires et des fringales, ce qui peut entraîner une suralimentation.

Il est préférable de se concentrer sur des choix alimentaires sains et équilibrés à long terme plutôt que de suivre un régime restrictif.

De plus, ce type de régime ne fera qu'alimenter votre émotion de frustration.

Éviter la culpabilité associée à la nourriture :

Se sentir coupable après avoir mangé un aliment particulier peut entraîner une relation malsaine avec la nourriture.

Apprendre à accepter ses choix alimentaires et à ne pas juger ses habitudes alimentaires peut aider à développer une relation plus saine avec la nourriture.

Soyez plus indulgent(e) avec vous même, même si vous avez des moments de faiblesse, acceptez les, ne les jugez pas, ils font parti du processus de prise de conscience.

Et vous constaterez avec le temps qui se feront de plus en plus rares.

Pratiquer l'auto-compassion :

Être gentil avec soi-même et accepter ses imperfections aide à éviter les sentiments de honte et de culpabilité associés à la nourriture.

Trouver un équilibre entre les aliments plaisir et les aliments sains :

Il est important de se faire plaisir avec les aliments que l'on aime, tout en cherchant à maintenir une alimentation saine et équilibrée.

Le goût à une place très importante dans votre alimentation, il faut que vous aimiez ce que vous mangez, trouvez vos méthodes et vos recettes aliant équilibre et plaisir !

<u>Se concentrer sur la santé globale plutôt que sur le poids :</u>

Se concentrer sur la santé globale plutôt que sur son poids aide à éviter les comportements alimentaires compulsifs et à développer une relation plus saine avec la nourriture.

Votre motivation principale devrait être de vous maintenir (ou retrouver) votre bon état de santé.

La motivation « ésthétique » devrait venir en second plan. Il n'est pas judicieux de vouloir être dans son poids de forme uniquement pendant la saison estivale et jouer avec l'effet « yoyo » qui a un impact désastreux sur votre corps ! Prise et perte de poids cumulés auront des conséquences très négative et irrévocables sur votre santé, à éviter absolument.

V
L'IMPACT DES ÉMOTIONS SUR LE MAINTIEN DU POIDS

Dans ce chapitre, je vous explique les risques de reprise de poids liés aux émotions et je vous donne des techniques pour continuer à gérer ses émotions et maintenir son poids de forme.

Vous trouverez également des outils pour mieux vivre ses émotions au quotidien.

Les risques de reprise de poids liés aux émotions

Oui, la reprise de poids liée aux émotions est un risque courant pour les personnes qui ont perdu du poids ou qui essaient de maintenir un poids santé.

Tant que le problème de base n'est pas réglé, nous pouvons limiter les dégâts en ayant conscience de ce problème, mais il entraînera toujours les mêmes émotions et de ce fait le risque de prise de poids.

Il vous faudra donc, travailler à régler les causes, pour ne plus vivre les symptômes.

Voici quelques-uns des risques associés à la reprise de poids liée aux émotions :

Récurrence des comportements alimentaires compulsifs :

Si les émotions ont été un facteur contribuant à la suralimentation avant la perte de poids, il est possible que ces comportements reviennent si les émotions ne sont pas gérées correctement.

Diminution de la motivation et de l'estime de soi:

La reprise de poids peut entraîner une diminution de la motivation et de l'estime de soi, ce qui peut rendre plus difficile la reprise de bonnes habitudes alimentaires et la gestion des émotions.

Le jugement de soi-même est un ennemi.

Augmentation du stress émotionnel :

Le stress émotionnel peut augmenter lorsque des efforts pour perdre du poids sont suivis d'une reprise de poids.

Cette augmentation du stress peut à son tour conduire à une suralimentation émotionnelle.

Diminution de la santé physique et mentale :

Une reprise de poids importante peut augmenter le risque de problèmes de santé physique et mentale, tels que l'hypertension artérielle, le diabète, la dépression et l'anxiété.

Difficulté à retrouver une alimentation saine et équilibrée :

Il est difficile de reprendre de bonnes habitudes alimentaires et de gérer ses émotions, ce qui peut conduire à une spirale négative en cas de reprise de poids.

Il est important de se rappeler que la perte de poids et la gestion des émotions peuvent être un processus difficile et que la reprise de poids est un risque courant pour de nombreuses personnes.

Il est important de se concentrer sur des habitudes alimentaires saines et une gestion émotionnelle efficace pour éviter la reprise de poids et maintenir une bonne santé mentale et physique.

Rappellez-vous que les habitudes se prennent grâce à la répétition dans le temps, il faut donc être patient(e) et ne pas être trop sévère avec soi-même.

La prise de poids est un processus, et la perte de poids en est un autre.

Au commencement vous serez toujours motivé(e), déterminé(e) puis vos émotions tenteront de prendre le dessus, apprenez à les apprivoiser en les acceptant et en les comprenant.

Avec le temps, elles ne joueront plus contre vous, mais pour vous.

Elles sont là pour vous permettre de mettre la lumière sur des éléments de votre vie qui ne vous correspondent pas, ou des traumatismes qui doivent être pris en main.

Une fois qu'elles ont joué leur VRAI rôle, elle cessent de contribuer à votre prise de poids.

Les techniques pour continuer à gérer ses émotions et maintenir son poids de forme

- Etre présent et attentif à l'instant présent.

- Reconnaître ses émotions et à les gérer de manière appropriée, plutôt que de se tourner vers la nourriture pour les supprimer.

- Tenir votre journal d'alimentaion émotionnelle afin de suivre vos habitudes alimentaires et identifier les déclencheurs émotionnels.

Cela vous aidera à être plus conscient(e) de vos choix alimentaires et à comprendre comment les émotions peuvent influencer vos habitudes alimentaires.

- Continuer à pratiquer des techniques de gestion du stress telles que la méditation, le yoga, la respiration profonde et l'exercice régulier.
Cela aidera à réduire le stress émotionnel et à améliorer la gestion des émotions.

- Planifier vos repas et vos collations à l'avance :afin de vous aider à éviter les choix alimentaires impulsifs qui sont souvent basés sur les émotions plutôt que sur la faim.

- Trouver un soutien social auprès de proches, de groupes de soutien ou d'un professionnel de la santé vous aidera à maintenir votre motivation et à surmonter les défis émotionnels.

- Pratiquer l'auto-compassion : être gentil(le) et compatissant(e) envers soi-même peut aider à réduire les sentiments de honte et de culpabilité associés aux échecs ou aux reprises de poids. Cela vous aidera à maintenir la motivation à long terme.

Il est important de vous rappeller que la gestion des émotions et le maintien d'un poids santé sont un processus continu, et qu'il peut y avoir des hauts et des bas.

En pratiquant régulièrement ces techniques, il vous sera possible de maintenir une bonne santé mentale et physique à long terme.

Les outils pour mieux vivre ses émotions au quotidien

La verbalisation :

Citez à voix haute les mots qui vous ramènent à l'émotion ressentie, plus vous aurez de vocabulaire pour qualifier votre émotion plus vous arriverez à la gérer.

Le fait de vous exprimer à voix haute est symbolique, vous EX-primez, donc faites sortir l'émotion.

Le coloriage :

Si vous n'êtes pas à l'aise avec d'autre méthodes, le coloriage peut être pour vous une façon de méditer et de lâcher prise sur votre émotion.

Ce peut être une première étape de votre cheminement.

La respiration profonde :

Prendre quelques respirations profondes peut aider à se calmer et à se concentrer sur le moment présent.

L'écriture expressive :

Elle consiste à écrire sur ses émotions et ses expériences pour mieux comprendre et gérer ses émotions.

Vous pouvez vous reporter au journal, dans la rubrique «Ce que vous souhaitez exprimer » à la fin de cet ouvrage.

Les activités créatives :

Comme la peinture, le dessin ou l'écriture, peuvent aider à exprimer et à gérer les émotions de manière créative.

L'activité physique :

Elle réduit le stress et l'anxiété, ce qui aide à mieux gérer vos émotions et améliore votre condition physique et physiologique.

La thérapie :

La thérapie peut être utile pour aider à mieux comprendre et gérer ses émotions, en particulier pour les personnes qui ont des difficultés émotionnelles plus importantes.

Le fait de partager votre « poids » émotionnel avec une tierce personne permet un apport externe de connaissance de vous même et des techniques professionnelles.

Il est important de trouver les outils qui vous conviennent le mieux, car tout le monde est différent.

En utilisant ces outils de manière régulière, il est possible de mieux vivre ses émotions au quotidien et de maintenir une bonne santé mentale, ce qui aura automatiquement des répercussions sur votre santé physique et votre poids.

VI
CONCLUSION

La gestion émotionnelle peut avoir de nombreux bienfaits pour la santé et le bien-être, notamment:

- Réduire le stress et l'anxiété, en gérant ses émotions de manière appropriée, on peut réduire le stress et l'anxiété, ce qui améliore la santé mentale et physique.

- Le fait de favoriser la prise de décision éclairée, en étant conscient de ses émotions, permet d'éviter de prendre de mauvaises décisions pour nous, car celles-ci sont impulsives ou basées sur des émotions négatives.

- Améliorer la communication en comprenant et en exprimant ses émotions de manière appropriée, vous permettra d'améliorer la communication avec les autres et de renforcer les relations interpersonnelles.

- Maîtriser vos émotions négatives (comme le stress et l'anxiété) en améliorant votre santé physique, aura un impact positif sur votre santé et votre poids.

- Améliorer votre qualité de vie : En gérant vos émotions de manière appropriée, vous pourrez améliorer votre qualité de vie et trouver plus de satisfaction dans les relations, le travail et les loisirs.

En somme, la gestion émotionnelle aide considérablement à améliorer la santé et le bien-être de manière globale, en permettant de mieux gérer les émotions et les situations difficiles de la vie quotidienne.

Il existe beaucoup de régimes qui, certes font leurs preuves, mais ne vous garantissent pas que votre poids ne sera pas repris au fil des années.

La meilleures façon d'éliminer un symptôme est d'en traiter la cause, ici le symptôme est votre poids, et les causes vos émotions.

Commencez par vous accorder 21 jours en remplissant votre carnet d'alimentation émotionnelle.

A la fin de ces 21jours, faites le bilan et ressortez-en les émotions principales que vous devez apprendre à gérer et à quels aliments elles sont reliés.

Une fois cela fait, expérimentez les différents outils et solutions évoqués précédemment jusqu'à trouver ceux qui vous conviennent.

Et accrochez vous-y, imprégniez-vous de ces nouveaux réflexes, ces nouvelles habitudes jusqu'à ce que vos émotions ne soient plus un facteur de prise de poids pour vous.

Vous aurez réussi au fil du temps à perdre votre surpoids et vous pourrez être plus que fier(e) du chemin que vous avez parcouru et qui est surtout derrière vous !

Vous serez dorénavant autonome concernant la gestion de vos émotions et de votre poids.

Donc impossible pour vous de basculer à nouveau dans le cercle infernal du surpoids puisque vous savez comment vous fonctionnez et surtout comment l'éviter désormais !

Je vous souhaite une heureuse vie, pleine de joies, d'amour pour vous même et d'émotions positives !

JOURNAL D'ALIMENTATION EMOTIONNELLE

21 jours pour prendre conscience

de vos émotions

pour mieux gérer votre poids

C'est parti!

Mensurations :

Poitrine

....

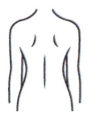

Taille

....

Cuisses

....

Poids

....

JOUR 1 Date: ....

Mantra: 《 *Je suis beau/belle, ici et maintenant!* 》

* Noter l'heure de chaque prise alimentaire

Petit Déjeuner
Echelle de la faim n°.......

Déjeuner
Echelle de la faim n°.......

Snack / Goûter Echelle de la faim n°......

Diner Echelle de la faim n°.......

Emotions ressenties:

	Avant	Pendant	Aprés
Petit déjeuner	....	....	....
Déjeuner	....	....	....
Snack / Goûter	....	....	....
Diner	....	....	....

En cas d'émotions négatives, que s'est-il passé avant?

....

....

Ce dont tu souhaites te rappeller:

....

....

Mort de faim	Faim normale	P'tit creux	Neutre	C'est OK	Trop rempli	Malade
1	2	3	4	5	6	7

JOUR 2 Date: ....

Mantra: *"Ce sont les graines de riz qui font les sacs de riz"*

* Noter l'heure de chaque prise alimentaire

Petit Déjeuner
Echelle de la faim n°.......

Déjeuner
Echelle de la faim n°.......

Snack / Goûter Echelle de la faim n°......

Diner Echelle de la faim n°.......

Emotions ressenties:

	Avant	Pendant	Aprés
Petit déjeuner	....	....	....
Déjeuner	....	....	....
Snack / Goûter	....	....	....
Diner	....	....	....

En cas d'émotions négatives, que s'est-il passé avant?

....

....

Ce dont tu souhaites te rappeler:

....

....

Mort de faim	Faim normale	P'tit creux	Neutre	C'est OK	Trop rempli	Malade
1	2	3	4	5	6	7

JOUR 3 Date: ....

Mantra: *"Je choisi de progresser, non pas d'être parfaite"*

* Noter l'heure de chaque prise alimentaire

Petit Déjeuner
Echelle de la faim n°.......

Déjeuner
Echelle de la faim n°.......

Snack / Goûter Echelle de la faim n°.......

Diner Echelle de la faim n°.......

Emotions ressenties:

	Avant	Pendant	Aprés
Petit déjeuner	....	....	....
Déjeuner	....	....	....
Snack / Goûter	....	....	....
Diner	....	....	....

En cas d'émotions négatives, que s'est-il passé avant?

....

....

Ce dont tu souhaites te rappeller:

....

....

Mort de faim	Faim normale	P'tit creux	Neutre	C'est OK	Trop rempli	Malade
1	**2**	**3**	**4**	**5**	**6**	**7**

JOUR 4 Date: ....

Mantra: *"Je sais d'où je viens,*
j'ai confiance en là où je vais!"

* Noter l'heure de chaque prise alimentaire

Petit Déjeuner

Echelle de la faim n°.......

Déjeuner

Echelle de la faim n°.......

Snack / Goûter Echelle de la faim n°......

Diner Echelle de la faim n°.......

Emotions ressenties:

	Avant	Pendant	Aprés
Petit déjeuner	....	....	....
Déjeuner	....	....	....
Snack / Goûter	....	....	....
Diner	....	....	....

En cas d'émotions négatives, que s'est-il passé avant?

....

....

Ce dont tu souhaites te rappeler:

....

....

Mort de faim	Faim normale	P'tit creux	Neutre	C'est OK	Trop rempli	Malade
1	2	3	4	5	6	7

JOUR 5 Date: ....

Mantra: *"Je sais d'où je viens,*
j'ai confiance en là où je vais!"

* Noter l'heure de chaque prise alimentaire

Petit Déjeuner

Echelle de la faim n°.......

Déjeuner

Echelle de la faim n°.......

Snack / Goûter Echelle de la faim n°......

Diner   Echelle de la faim n°.......

Emotions ressenties:

	Avant	Pendant	Aprés
Petit déjeuner	....	....	....
Déjeuner	....	....	....
Snack / Goûter	....	....	....
Diner	....	....	....

En cas d'émotions négatives, que s'est-il passé avant?

....

....

Ce dont tu souhaites te rappeller:

....

....

Mort de faim	Faim normale	P'tit creux	Neutre	C'est OK	Trop rempli	Malade
1	2	3	4	5	6	7

JOUR 6 Date: ....

Mantra: *"Je sais d'où je viens,*
j'ai confiance en là où je vais!"

* Noter l'heure de chaque prise alimentaire

Petit Déjeuner
Echelle de la faim n°.......

Déjeuner
Echelle de la faim n°.......

Snack / Goûter Echelle de la faim n°......

Diner   Echelle de la faim n°.......

Emotions ressenties:

	Avant	Pendant	Aprés
Petit déjeuner	....	....	....
Déjeuner	....	....	....
Snack / Goûter	....	....	....
Diner	....	....	....

En cas d'émotions négatives, que s'est-il passé avant?

....

....

Ce dont tu souhaites te rappeller:

....

....

1	2	3	4	5	6	7
Mort de faim	Faim normale	P'tit creux	Neutre	C'est OK	Trop rempli	Malade

JOUR 7 Date: ....

Mantra: *"Tu échoues seulement si tu abandonnes!"*

* Noter l'heure de chaque prise alimentaire

Petit Déjeuner

Echelle de la faim n°.......

Déjeuner

Echelle de la faim n°.......

Snack / Goûter Echelle de la faim n°......

Diner Echelle de la faim n°.......

Emotions ressenties:

	Avant	Pendant	Après
Petit déjeuner	....	....	....
Déjeuner	....	....	....
Snack / Goûter	....	....	....
Diner	....	....	....

En cas d'émotions négatives, que s'est-il passé avant?

....

....

Ce dont tu souhaites te rappeller:

....

....

Mort de faim	Faim normale	P'tit creux	Neutre	C'est OK	Trop rempli	Malade
1	**2**	**3**	**4**	**5**	**6**	**7**

Au bout d'une semaine...

Mensurations :

Poitrine
....

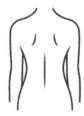

Taille
....

Cuisses
....

Poids
....

JOUR 8 Date: ....

Mantra:《La seule chose qui me sépare de mon objectif, c'est le Temps...》

* Noter l'heure de chaque prise alimentaire

Petit Déjeuner
Echelle de la faim n°.......

Déjeuner
Echelle de la faim n°.......

Snack / Goûter
Echelle de la faim n°.......

Diner
Echelle de la faim n°.......

Emotions ressenties:

	Avant	Pendant	Aprés
Petit déjeuner	....	....	....
Déjeuner	....	....	....
Snack / Goûter	....	....	....
Diner	....	....	....

En cas d'émotions négatives, que s'est-il passé avant?

....

....

Ce dont tu souhaites te rappeller:

....

....

1	2	3	4	5	6	7
Mort de faim	Faim normale	P'tit creux	Neutre	C'est OK	Trop rempli	Malade

JOUR 9 Date: ....

Mantra: *"Aujourd'hui, je me visualise avec mon poids de forme!"*

* Noter l'heure de chaque prise alimentaire

Petit Déjeuner
Echelle de la faim n°.......

Déjeuner
Echelle de la faim n°.......

Snack / Goûter Echelle de la faim n°......

Diner Echelle de la faim n°.......

Emotions ressenties:

	Avant	Pendant	Aprés
Petit déjeuner	....	....	....
Déjeuner	....	....	....
Snack / Goûter	....	....	....
Diner	....	....	....

En cas d'émotions négatives, que s'est-il passé avant?

....

....

Ce dont tu souhaites te rappeller:

....

....

Mort de faim	Faim normale	P'tit creux	Neutre	C'est OK	Trop rempli	Malade
1	2	3	4	5	6	7

JOUR 10 Date: ....

Mantra: *"Je maîtrise mes émotions en acceptant leur présence."*

* Noter l'heure de chaque prise alimentaire

Petit Déjeuner
Echelle de la faim n°.......

Déjeuner
Echelle de la faim n°.......

Snack / Goûter   Echelle de la faim n°.......

Diner   Echelle de la faim n°.......

Emotions ressenties:

	Avant	Pendant	Aprés
Petit déjeuner	....	....	....
Déjeuner	....	....	....
Snack / Goûter	....	....	....
Diner	....	....	....

En cas d'émotions négatives, que s'est-il passé avant?

....

....

Ce dont tu souhaites te rappeller:

....

....

Mort de faim	Faim normale	P'tit creux	Neutre	C'est OK	Trop rempli	Malade
1	2	3	4	5	6	7

JOUR 11 Date: ....

Mantra: *"Aujourd'hui, j'agis comme la femme en devenir que je suis!"*

* Noter l'heure de chaque prise alimentaire

Petit Déjeuner
Echelle de la faim n°.......

Déjeuner
Echelle de la faim n°.......

Snack / Goûter Echelle de la faim n°.......

Diner Echelle de la faim n°.......

Emotions ressenties:

	Avant	Pendant	Aprés
Petit déjeuner	....	....	....
Déjeuner	....	....	....
Snack / Goûter	....	....	....
Diner	....	....	....

En cas d'émotions négatives, que s'est-il passé avant?

....

....

Ce dont tu souhaites te rappeller:

....

....

1	2	3	4	5	6	7
Mort de faim	Faim normale	P'tit creux	Neutre	C'est OK	Trop rempli	Malade

JOUR 12 Date: ....

Mantra: *"Si je veux changer mes résultats, je dois changer mes habitudes!"*

* Noter l'heure de chaque prise alimentaire

Petit Déjeuner
Echelle de la faim n°.......

Déjeuner
Echelle de la faim n°.......

Snack / Goûter Echelle de la faim n°......

Diner Echelle de la faim n°.......

Emotions ressenties:

	Avant	Pendant	Aprés
Petit déjeuner	....	....	....
Déjeuner	....	....	....
Snack / Goûter	....	....	....
Diner	....	....	....

En cas d'émotions négatives, que s'est-il passé avant?

....

....

Ce dont tu souhaites te rappeller:

....

....

Mort de faim	Faim normale	P'tit creux	Neutre	C'est OK	Trop rempli	Malade
1	2	3	4	5	6	7

JOUR 13 Date: ....

Mantra: *"Je ne fais pas de régime,*
je mange ce qui me convient vraiment!"

* Noter l'heure de chaque prise alimentaire

Petit Déjeuner
Echelle de la faim n°.......

Déjeuner
Echelle de la faim n°.......

Snack / Goûter   Echelle de la faim n°......

Diner   Echelle de la faim n°.......

Emotions ressenties:

	Avant	Pendant	Aprés
Petit déjeuner	....	....	....
Déjeuner	....	....	....
Snack / Goûter	....	....	....
Diner	....	....	....

En cas d'émotions négatives, que s'est-il passé avant?

....

....

Ce dont tu souhaites te rappeller:

....

....

Mort de faim	Faim normale	P'tit creux	Neutre	C'est OK	Trop rempli	Malade
1	2	3	4	5	6	7

JOUR 14 Date: ....

Mantra: *"Aujourd'hui, je mets beaucoup d'amour dans mes repas!"*

* Noter l'heure de chaque prise alimentaire

Petit Déjeuner
Echelle de la faim n°.......

Déjeuner
Echelle de la faim n°.......

Snack / Goûter   Echelle de la faim n°......

Diner   Echelle de la faim n°.......

Emotions ressenties:

	Avant	Pendant	Aprés
Petit déjeuner	....	....	....
Déjeuner	....	....	....
Snack / Goûter	....	....	....
Diner	....	....	....

En cas d'émotions négatives, que s'est-il passé avant?

....

....

Ce dont tu souhaites te rappeller:

....

....

Mort de faim	Faim normale	P'tit creux	Neutre	C'est OK	Trop rempli	Malade
1	**2**	**3**	**4**	**5**	**6**	**7**

Au bout de 14 jours...

Mensurations :

Poitrine

....

Taille

....

Cuisses

....

Poids

....

JOUR 15 Date: ....

Mantra: 《Je nourris positivement mes pensées,
tout comme mon corps aujourd'hui!》

* Noter l'heure de chaque prise alimentaire

Petit Déjeuner
Echelle de la faim n°.......

Déjeuner
Echelle de la faim n°.......

Snack / Goûter
Echelle de la faim n°.......

Diner
Echelle de la faim n°.......

Emotions ressenties:

	Avant	Pendant	Aprés
Petit déjeuner	....	....	....
Déjeuner	....	....	....
Snack / Goûter	....	....	....
Diner	....	....	....

En cas d'émotions négatives, que s'est-il passé avant?

....

....

Ce dont tu souhaites te rappeler:

....

....

Mort de faim	Faim normale	P'tit creux	Neutre	C'est OK	Trop rempli	Malade
1	2	3	4	5	6	7

JOUR 16 Date: ....

Mantra: *"Je sais maintenant le faire, alors je peux le faire!"*

* Noter l'heure de chaque prise alimentaire

Petit Déjeuner
Echelle de la faim n°.......

Déjeuner
Echelle de la faim n°.......

Snack / Goûter
Echelle de la faim n°......

Diner
Echelle de la faim n°.......

Emotions ressenties:

	Avant	Pendant	Aprés
Petit déjeuner	....	....	....
Déjeuner	....	....	....
Snack / Goûter	....	....	....
Diner	....	....	....

En cas d'émotions négatives, que s'est-il passé avant?

....

....

Ce dont tu souhaites te rappeller:

....

....

Mort de faim	Faim normale	P'tit creux	Neutre	C'est OK	Trop rempli	Malade
1	2	3	4	5	6	7

JOUR 17 Date: ....

Mantra: *"Chaque jour est une victoire!"*

* Noter l'heure de chaque prise alimentaire

Petit Déjeuner

Echelle de la faim n°.......

Déjeuner

Echelle de la faim n°.......

Snack / Goûter Echelle de la faim n°.......

Diner   Echelle de la faim n°.......

Emotions ressenties:

	Avant	Pendant	Après
Petit déjeuner	....	....	....
Déjeuner	....	....	....
Snack / Goûter	....	....	....
Diner	....	....	....

En cas d'émotions négatives, que s'est-il passé avant?

....

....

Ce dont tu souhaites te rappeller:

....

....

Mort de faim	Faim normale	P'tit creux	Neutre	C'est OK	Trop rempli	Malade
1	2	3	4	5	6	7

JOUR 18 Date: ....

Mantra: *"Aujourd'hui, pour ma vitalité je mange plus d'aliments vivants!"*

* Noter l'heure de chaque prise alimentaire

Petit Déjeuner
Echelle de la faim n°.......

Déjeuner
Echelle de la faim n°.......

Snack / Goûter Echelle de la faim n°......

Diner Echelle de la faim n°.......

Emotions ressenties:

	Avant	Pendant	Aprés
Petit déjeuner	....	....	....
Déjeuner	....	....	....
Snack / Goûter	....	....	....
Diner	....	....	....

En cas d'émotions négatives, que s'est-il passé avant?

....

....

Ce dont tu souhaites te rappeller:

....

....

Mort de faim	Faim normale	P'tit creux	Neutre	C'est OK	Trop rempli	Malade
1	2	3	4	5	6	7

JOUR 19 Date: ....

Mantra: *"Avant chaque repas, je demande à mon corps ce dont il a réellement besoin."*

* Noter l'heure de chaque prise alimentaire

Petit Déjeuner
Echelle de la faim n°.......

Déjeuner
Echelle de la faim n°.......

Snack / Goûter   Echelle de la faim n°.......

Diner   Echelle de la faim n°.......

Emotions ressenties:

	Avant	Pendant	Aprés
Petit déjeuner	....	....	....
Déjeuner	....	....	....
Snack / Goûter	....	....	....
Diner	....	....	....

En cas d'émotions négatives, que s'est-il passé avant?

....

....

Ce dont tu souhaites te rappeller:

....

....

Mort de faim	Faim normale	P'tit creux	Neutre	C'est OK	Trop rempli	Malade
1	**2**	**3**	**4**	**5**	**6**	**7**

JOUR 20 Date: ....

Mantra: *"Je suis fier(e) de moi et de mon corps!"*

* Noter l'heure de chaque prise alimentaire

Petit Déjeuner
Echelle de la faim n°.......

Déjeuner
Echelle de la faim n°.......

Snack / Goûter Echelle de la faim n°......

Diner Echelle de la faim n°.......

Emotions ressenties:

	Avant	Pendant	Aprés
Petit déjeuner	....	....	....
Déjeuner	....	....	....
Snack / Goûter	....	....	....
Diner	....	....	....

En cas d'émotions négatives, que s'est-il passé avant?

....

....

Ce dont tu souhaites te rappeller:

....

....

Mort de faim	Faim normale	P'tit creux	Neutre	C'est OK	Trop rempli	Malade
1	2	3	4	5	6	7

JOUR 21 Date: ....

Mantra: *"Je mérite d'avoir un esprit sain dans un coprs sain!"*

* Noter l'heure de chaque prise alimentaire

Petit Déjeuner
Echelle de la faim n°.......

Déjeuner
Echelle de la faim n°.......

Snack / Goûter Echelle de la faim n°......

Diner Echelle de la faim n°.......

Emotions ressenties:

	Avant	Pendant	Aprés
Petit déjeuner	....	....	....
Déjeuner	....	....	....
Snack / Goûter	....	....	....
Diner	....	....	....

En cas d'émotions négatives, que s'est-il passé avant?

....

....

Ce dont tu souhaites te rappeller:

....

....

Mort de faim	Faim normale	P'tit creux	Neutre	C'est OK	Trop rempli	Malade
1	2	3	4	5	6	7

Verdict final!

Mensurations:

Poitrine
....

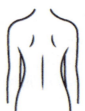
Taille
....

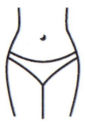
Cuisses
....

Poids
....

Poids total perdu:..........kg

Printed by Amazon Italia Logistica S.r.l.
Torrazza Piemonte (TO), Italy